eスポーツ はじめて事典

2 eスポーツの競技いろいろ

監修 筧 誠一郎

目　次

“eスポーツ”に必要なものとは

一般社団法人日本eスポーツ学会 理事長
東京都eスポーツ連合 会長
中央大学講師
筧《かけひ》 誠一郎《せいいちろう》

eスポーツにはさまざまなゲームジャンルがあり、それぞれのeスポーツプレーヤーに求められる能力《のうりょく》にはいろいろなものがあります。多くのゲームをプレイする上で共通する必要なものには、画面の中で何が行われているかを瞬時《しゅんじ》に理解する情報《じょうほう》分析力《ぶんせきりょく》があり、その上で相手の意図や先の展開《てんかい》を予測《よそく》して最善《さいぜん》の打ち手を導《みちび》き出《だ》す能力などがあります。そしてその最善の打ち手をすぐにコントローラーやマウス、キーボード、タッチパネルなどで操作《そうさ》する反射《はんしゃ》神経《しんけい》も必要です。

5対5で行うようなチーム戦になると、戦略《せんりゃく》や戦術《せんじゅつ》も重要になります。

またゲームによっては、1試合に30～40分ほどの時間がかかり、それをたとえば5試合行うとすると、休憩《きゅうけい》時間をふくめて3～4時間はプレイし続けることになるため、体力も必要になります。

ゲームに夢中《むちゅう》な人というと、運動をしない人、というイメージがあるかもしれませんが、トップ選手たちの中にはゲームの練習をするだけではなく、ジムに通ったり、散歩を日課にするなどして体力づくりをする人も多くいます。そうすることで長く活躍《かつやく》するために必要なことを意識《いしき》して実行しているのです。

よくeスポーツのプロ選手としてのピークは10代後半から20代半ばだといわれることがあります。種目によっては、20代半ばには多くの選手が引退《いんたい》してしまうeスポーツは、プロ選手として活躍する時期が短い、などといわれたりします。しかし、実はサッカーでもJリーグ選手の引退平均年齢《ねんれい》は20代半ばであり、eスポーツとそれほど変わりません。

プロとして活躍するｅスポーツの選手たちは、チームに所属するのが一般的《いっぱんてき》です。スケジュール管理やスポンサーとの交渉《こうしょう》などはチームに任《まか》せ、選手は練習や配信、試合やイベント・メディア出演、ファンとの交流などさまざまなことを行います。

チームはスポンサーとなってくれる企業《きぎょう》を探《さが》し、プレゼンテーションをしてチームを売《う》り込《こ》み、成功すれば資金提供《ていきょう》を受けることになります。当然、資金提供を受けて終わりではなく、スポンサーの宣伝《せんでん》活動に協力して、その結果や成果をスポンサーへ報告することが必要です。さらにはチーム・選手グッズなどをつくって販売《はんばい》することでチームの活動費の基盤《きばん》をしっかりさせなければなりません。そして選手の練習時間・試合出場・イベント出演・メディア対《たい》応《おう》などの管理や、有力選手・コーチなどを招《まね》いたり、さらには新人スカウトや運営スタッフを採用することも必要になります。また選手がSNS時代に対応できるように教育も行わなければなりません。

2020年現在《げんざい》、そういった環境《かんきょう》は急速に整えられつつありますが、まだまだ発展《はってん》途《と》上《じょう》のｅスポーツ業界は、すでにあるプロ野球などのフィジカルスポーツの団体《だんたい》や海外のｅスポーツの現状に学ぶことはたくさんあるといえます。

本巻《ほんかん》ではｅスポーツのさまざまな競技種目（ゲームジャンル）を紹介《しょうかい》しながら、その多様性と可能性を探《さぐ》っていきたいと思います。

巻頭《かんとう》
トピックス

eスポーツの代表的なジャンルは7つある!!

第１巻《かん》でも触《ふ》れた通り、『eスポーツ』というのは、いってみれば「陸上競技《きょうぎ》」という大きなくくりを表しているに過《す》ぎません。陸上競技であれば、「長距離走《ちょうきょりそう》」や「短距離走」などのようなジャンルがあり、その中もさらに「100m 走」や「200m 走」などに細分化されます。

eスポーツも同じです。今、eスポーツの世界では大きく７つのジャンルがあり、そのジャンルごとに人気のゲームタイトルがあります。

第２巻では、そうしたeスポーツのジャンルやゲームタイトルを取り上げています。まずは、７つのジャンルについて確認《かくにん》しましょう。

格闘《かくとう》ゲーム

タイトル：鉄拳７　発売元：バンダイナムコエンターテインメント
TEKKEN™7 & ©BANDAI NAMCO Entertainment Inc.

自分好みのキャラクターを選んで、格闘技対戦《かくとうぎたいせん》だ!! キャラの特徴《とくちょう》や必殺技《ひっさつわざ》をどれだけ生かせるかが勝敗の分かれ目!!

FPS（ファースト・パーソン・シューティング）

自分の目線でバトルが進むから、まるで自分がゲームの登場人物になったような臨場《りんじょう》感《かん》を味わえる !!

人気の「コール オブ デューティ」のソフト発売日には、ゲームキャラクターのコスチュームでファンが店頭に並《なら》ぶ。

スポーツゲーム

eFootball ウイニングイレブン 2021©Konami Digital Entertainment

選手として試合に出場して活躍《かつやく》することはもちろん、監督として選手を獲得《かくとく》・育成するなど、チームの強化も楽しめる !!

RTS（リアル・タイム・ストラテジー）

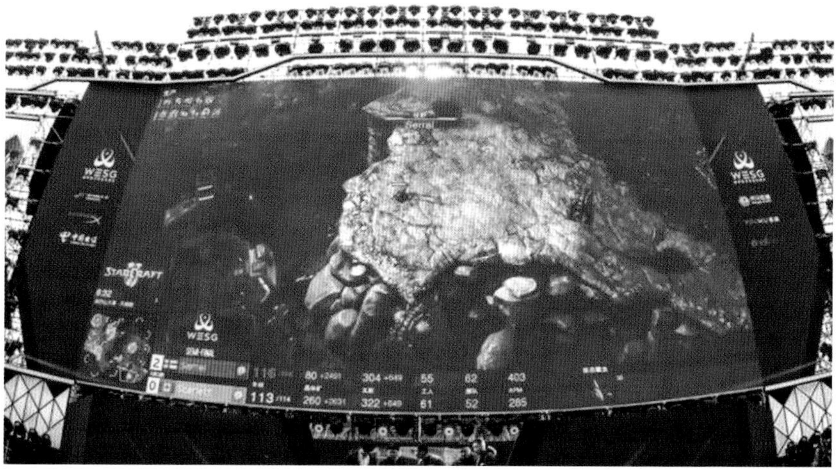

時間の進行に合わせて、刻々《こくこく》と変わっていく敵《てき》や味方の状況《じょうきょう》を考えながら、敵の拠《きょ》点《てん》を攻《せ》め落《お》とせ !!

人気の「スタークラフト 2」の世界大会で、巨大《きょだい》スクリーンに映《うつ》し出《だ》された ゲーム画面。

デジタルカードゲーム

トレーディングカードゲームの世界をデジタルで体験。知恵《ちえ》を絞《しぼ》って戦略《せんりゃく》とかけひきで勝負を決めろ!!

バトルロイヤル

限定《げんてい》エリアにプレーヤーが集結。互《たが》いに戦闘《せんとう》を繰《く》り広《ひろ》げて、“最後のひとり”に残ったものが勝利者に!!

人気の「フォートナイト」は、スマートフォンでも楽しめる。

MOBA（マルチプレーヤー・オンライン・バトル・アリーナ）

仲間同士で協力しながら、相手の拠点《きょてん》を攻《せ》め落《お》とすことが目的となるゲーム。攻めや守りのかけひきのおもしろさが魅力《みりょく》!!

「LoL」の世界大会では、スクリーンに映《うつ》し出《だ》されるゲーム画面に観客が熱狂《ねっきょう》する。

以上が、世界的にも大きな大会などが開催《かいさい》される７つのジャンルです。もちろん、eスポーツ自体は、この７つのジャンルしかないというわけではなく、それ以外にも多様なジャンルやゲームタイトルがあります。

第1章

eスポーツの
競《きょう》技《ぎ》体《たい》系《けい》

1　eスポーツの競《きょう》技《ぎ》種目

どんな競《きょう》技《ぎ》種目があるか

eスポーツのはじまりともいえるジャンル（競《きょう》技《ぎ》種目）が、「FPS（ファースト・パーソン・シューティング）」だといわれます。FPSとは、プレーヤー自身の目線でゲーム空間の中を移動《いどう》しながら、武器《ぶき》などを使って敵《てき》を倒《たお》すというシューティングゲームです。“プレイヤーの目線”でゲームの世界が展開《てんかい》するのが特徴《とくちょう》といえます。

eスポーツという名称《めいしょう》が広く使われるようになるのは、2000年頃《ごろ》からだといわれていますが、FPSというジャンルそのものは、「ウルフェンシュタイン3D（Wolfenstein 3D）」（1992年発売）や、「ドゥーム（DOOM）」（1993年発売）というゲームタイトルによって、すでに人気になっていました。

このFPSを中心とした競技大会が開催《かいさい》されるようになり、やがてプロゲーマーが登場するようになるなど、eスポーツの発展にFPSが大きく影響《えいきょう》しました。

その後、FPSから枝分《えだわ》かれするような形で、「バトルロイヤル」というジャンル（競技種目）が誕生《たんじょう》しました。

このように、FPSが世界的に広がっていき、その波にのってさまざまなeスポーツの競技種目が誕生していきました。

現在《げんざい》では、大きく分けると7つの競技種目になります。「格闘《かくとう》ゲーム」、「FPS」、「スポーツゲーム」、「RTS（リアル・タイム・ストラテジー）」、「デジタルカードゲーム」、「バトルロイヤル」、「MOBA（マルチプレーヤー・オンライン・バトル・アリーナ）」などです。もちろん、これらのジャンルに当てはまらないものとして、「パズルゲーム」や「リズムゲーム」といわれるeスポーツの競技種目もありますが、大きな競技大会が開催されるなど、世界的に競技人口が多い、人気のジャンルとしては、FPSなどの7つが主流といえます。

競《きょう》技《ぎ》種目ごとに、たくさんのゲームタイトルがある

これらの競《きょう》技《ぎ》種目ごとに、具体的なゲームタイトルがいくつもあります。

大きな競技大会などは、ゲームタイトルを決めて開催《かいさい》されるので、そのゲームタイトルを得意《とくい》とするプレーヤー同士で競《きそ》われることになります。中にはいくつものゲームタイトルを得意とするプレーヤーもいますが、多くは自身が得意とするゲームタイトルをひとつ決めて、競技大会などに参加することが多いようです。

25
P 140 km/h
地
水
火
風
闇

2 競技《きょうぎ》種目やゲームタイトルはどのように決まるのか

知名度・競技《きょうぎ》人口の多さなどが目安になる

そもそもeスポーツは、欧米《おうべい》などでコンピューターゲームの愛好家たちが、特定の地域内《ちいきない》や学校内などの限定的《げんていてき》な通信ネットワーク（LANといいます）内に自分たちのパソコンを接続《せつぞく》して、オンラインで対戦したイベントがはじまりだといわれています。そして、こうしたイベントは「LANパーティー」と呼《よ》ばれるようになったのです。

世界中に多くのプレーヤー、愛好家がいるゲームタイトルなどは、そうしたプレーヤー同士が集まってイベントが開催《かいさい》されることが多くなりました。さらには、そうしたイベントの中から、規模《きぼ》が大きくなっていって、やがては企業《きぎょう》が協賛《きょうさん》するなどの世界的な競技《きょうぎ》大会になるというものもあらわれました。

またゲーム開発会社が、自社のゲームタイトルをより多くの人に使ってもらいたいために、特定のゲームタイトルの競技大会などを開催することも増《ふ》えました。

さらには、eスポーツのイベントを開催することで大きな宣伝効果《せんでんこうか》を得《え》られると考えて、企業が競技大会の実施《じっし》を後押《あとお》しするというケースもあります。ただし、こうした場合には、やはり競技人口が多く、人気の高いゲームタイトルが選ばれることが多くなります。

JeSUでは、独自《どくじ》の公認条件《こうにんじょうけん》を決めている

日本では、以前からeスポーツに関する団体《だんたい》として、日本eスポーツ協会、e-sports促進機構《そくしんきこう》、日本eスポーツ連盟といった複数《ふくすう》の団体がありました。

いずれの団体も、日本におけるeスポーツの普及《ふきゅう》・発展《はってん》のための活動をしていたのですが、2018年にこの3つの団体が合併《がっぺい》して、「日本eスポーツ連合（JeSU）」という新しい団体が設立《せつりつ》されました。

JeSUでは、eスポーツに関するさまざまな活動を行うとしていますが、その活動内容《ないよう》のひとつに「eスポーツ競技《きょうぎ》大会におけるプロライセンスの発行と大会の認定《にんてい》」というものがあり、その具体的な活動として、ゲームタイトルの公認も行っています。

JeSUがゲームタイトルを公認《こうにん》する条件《じょうけん》

JeSUでは、次の4つの項目《こうもく》に基《もと》づいて

検討《けんとう》し、著作権《ちょさくけん》などを正当に有する、そのゲームタイトルの発行主体（ゲームタイトルの開発会社など）との協議の上で、公認《こうにん》するかどうかを判断《はんだん》するものと公表しています。

公表されている条件《じょうけん》には、難《むずか》しい言葉がたくさん使われていますが、ポイントは、(1) 得点《とくてん》を競《きそ》い合《あ》ったり、戦って相手を打ち負かしたりするような内容《ないよう》かどうか（競技性《きょうぎせい》）、(2) すでに多くの人が利用し（稼働実績《かどうじっせき》）、(3) 今後もより多くの人が、より長く利用してくれそうなゲームかどうか（大会の継続《けいぞく》）、そして、(4) 大会の会場で観戦したいと思う人が多いかどうか（興行性《こうぎょうせい》）、ということです。

なお、2020年4月10日時点で、JeSUのライセンス認定《にんてい》タイトルとなっているのは、14 タイトルです。

1. ゲーム内容《ないよう》に競技性《きょうぎせい》が含《ふく》まれること（競技性）。
2. ゲームとして 3 か月以上の運営《うんえい》・販売実績《はんばいじっせき》があること（稼働《かどう》実績）。
3. 今後も e スポーツとして大会を運営する予定があること（大会の継続《けいぞく》）。
4. e スポーツとしての大会の興行性《こうぎょうせい》が認《みと》められること（興行性）。

コラム ゲームタイトルの年齢別《ねんれいべつ》レーティング制度《せいど》ってなに？

ゲームタイトルによっては、小学生や中学生にはふさわしくない内容のものがあります。しかし、ゲームのパッケージだけでは、内容がどんなものかわからないので、専門《せんもん》の機関が審査《しんさ》を行って、ゲームタイトルごとにプレーヤーの対象年齢《たいしょうねんれい》の目安が表示《ひょうじ》されるようになっています。これを年齢別レーティング制度《せいど》といいます。

e スポーツの大会などにおいても、こうした年齢別レーティングに基《もと》づいて、参加者を制限《せいげん》することはいうまでもありません。

- CERO A 全年齢対象：年令区別対象となる表現・内容は含まれておらず、全年齢対象である事を表示しています。
- CERO B 12才以上対象：12才以上を対象とする表現内容が含まれていることを表示しています。
- CERO C 15才以上対象：15才以上を対象とする表現内容が含まれていることを表示しています。
- CERO D 17才以上対象：17才以上を対象とする表現内容が含まれていることを表示しています。
- CERO Z 18才以上のみ対象：18才以上のみを対象とする表現内容が含まれていることを表示しています。（１８才未満者に対して販売したり頒布したりしないことを前提とする区分）

日本発の世界的ｅスポーツの競技《きょうぎ》種目～格闘《かくとう》ゲーム～

第１巻《かん》の「ｅスポーツの成り立ち」の項《こう》でも触《ふ》れましたが、ｅスポーツの元となるビデオゲームは、アメリカの企業《きぎょう》が開発したものがはじまりでした。

その後、世界中に広がり、日本の玩具《がんぐ》メーカーなどもビデオゲームを開発するようになりました。

ビデオゲーム分野においては、日本で開発され、世界で人気となったゲームタイトルもたくさんあります。

現在《げんざい》、世界規模《きぼ》のｅスポーツ大会では、アメリカをはじめとした海外の開発会社によるゲームタイトルが多く使われています。しかし、「格闘《かくとう》ゲーム」分野においては、日本オリジナルのゲームタイトルが、世界の標準《ひょうじゅん》ゲームタイトルになっています。

世界最大規模《せかいさいだいきぼ》の格闘《かくとう》ゲーム大会

2019年に開催《かいさい》された『EVO Japan 2019』には、多くの格闘《かくとう》ゲームファンが詰《つ》めかけた。

第2章

eスポーツの競《きょう》技《ぎ》ジャンル

1　格闘《かくとう》ゲーム

キャラクターごとに異《こと》なる攻撃《こうげき》スタイルや必殺技《ひっさつわざ》を修得《しゅうとく》して戦いに挑《いど》め！

格闘《かくとう》ゲームとは、プレーヤーがキャラクターを操作《そうさ》して格闘技《かくとうぎ》形式で戦うゲームです。プレーヤーとコンピューター、あるいは、プレーヤー同士で対戦します。

基本的《きほんてき》には1対1の対戦形式で、多数のキャラクターの中からプレーヤーがそれぞれ好きなものを選択《せんたく》して戦います。多くの場合、体力ゲージというものがあり、それが先にゼロになってしまったほうが負けです。制限《せいげん》時間がある場合は、相手よりゲージの残量が多いほうが判定《はんてい》勝ちになります。体力ゲージとは別にサブゲージが設定《せってい》されているゲームも多く、時間とともにたまったそのゲージを消費《しょうひ》することで強力な必殺技《ひっさつわざ》を使用することができます。

ゲームによって操作の仕方に違《ちが》いがありますが、多くはボタンにパンチやキックなどの技が割《わ》り振《ふ》られています。そのコントローラーを素早《すばや》く操作する技術《ぎじゅつ》を高めることが勝利につながります。

また、キャラクターごとに、攻撃《こうげき》スタイルや必殺技の種類などが違うので、プレーヤーがそのキャラクターの特徴《とくちょう》を知り、いかに使いこなすかも重要になってきます。

格闘《かくとう》ゲームは、日本が本家本元だ！

格ゲー（格闘《かくとう》ゲームの略称《りゃくしょう》）のスタートは、アーケードゲームだった

格闘《かくとう》ゲームは、日本独自《どくじ》のアーケードゲーム（ゲームセンターや遊園地などで遊ぶゲーム）から進化したジャンルといえます。格闘技《かくとうぎ》を題材としたゲームは1980年代から多くありました。1984年発売の「対戦空手道」、「アーバンチャンピオン」、「アッポー」1985年発売の「イー アル カンフー」などが代表的なものです。

多様なキャラクターが、それぞれに魅力的《みりょくてき》で、一大ブームを巻《ま》き起《お》こした、“はじまり”の格闘《かくとう》ゲーム

1987年にアーケード導入《どうにゅう》された「ストリートファイター」が、現在《げんざい》の格闘《かくとう》ゲームのはじまりといえるでしょう。1991年に発売の「ストリートファイターⅡ」では前作から大幅《おおはば》にバージョンアップされ、複雑《ふくざつ》なかけひきのできる対戦を前提《ぜんてい》としたゲームシステムが完成しました。これが爆発的《ばくはつてき》にヒットして、1990年代に格闘ゲームは大きなブームを巻《ま》き起《お》こしました。次々と格闘ゲームが発売され、オリジナルのシステム、魅力的《みりょくてき》なキャラクターをつくり出す

などして特色をアピールしていき、後の格闘ゲームのスタンダードになる作品やシステムも生まれはじめました。

3DCGの圧倒的《あっとうてき》な迫力《はくりょく》で人気を獲得《かくとく》してきた格闘《かくとう》ゲームが、家庭用ゲーム機でさらなるブームに！

1993年にアーケード用に開発された「バーチャファイター」は3DCGを採用《さいよう》し、その後の3D格闘《かくとう》ゲームの基盤《きばん》となりました。現在《げんざい》でも高い人気を誇《ほこ》る3D格闘ゲーム「鉄拳《てっけん》」シリーズの第1作も1994年に登場しています。

格闘ゲームはアーケードゲームとして発展《はってん》してきましたが、1990年代後半になると、プレイステーション（PlayStation）など家庭用ゲーム機版《ばん》の格闘ゲームにも人気が集まります。さらに、2010年以降《いこう》になると、インターネットを使ったオンライン対決ができる格闘ゲームが増加《ぞうか》し、プレーヤー層《そう》が広がっていきました。

格闘《かくとう》ゲームの主な人気タイトル

現在《げんざい》の格闘《かくとう》ゲームの基礎《きそ》をつくり上げたといわれ、30種類以上も用意されたキャラクターが魅力《みりょく》！

「ストリートファイターV」は、日本発の格闘《かくとう》ゲーム「ストリートファイター」シリーズの作品で、2016年に発売されました。さらに、2018年に「ストリートファイターV アーケードエディション」、2020年に「ストリートファイターV チャンピオンエディション」が発売されています。

1987年にアーケードゲームとして登場し、現在《げんざい》の格闘ゲームの基礎《きそ》をつくり上げた「ストリートファイター」は、続編《ぞくへん》の「ストリートファイターⅡ」の時点ですでに、パンチ、キックと必殺技《ひっさつわざ》、対戦システム、ボーナスステージなどの基本的《きほんてき》なゲームの仕組みが完成されていました。

操作《そうさ》できるキャラクターが30種類以上もあり、この豊富《ほうふ》さも魅力《みりょく》のひとつになっています。

3段階《だんかい》の強さをもつパンチ、キックとレバー操作を組み合わせた通常攻撃《つうじょうこうげき》に加えて、波動拳《はどうけん》や昇竜拳《しょうりゅうけん》に代表される、コマンド入力による必殺技を発動し、先に相手の体力ゲージをゼロにしたプレーヤーの勝利となります。

「ストリートファイター」には映像《えいぞう》作品などもあり、キャラクターも細かく設定されています。

個々《ここ》のキャラクターにも魅力のある作品で、オフラインのストーリーモードでキャラクターの背景《はいけい》を知ったり、アーケードモードでコスチュームを入手したりする楽しみもあります。

キャラクターの多彩《たさい》さはもちろん、空中コンボや10連コンボなどの独自《どくじ》システムが特徴《とくちょう》の格闘《かくとう》ゲーム

「鉄拳《てっけん》」シリーズは1994年に日本でアーケードゲームとして稼働《かどう》した3D格闘《かくとう》ゲームのシリーズで、キャラクターの四肢《しし》に対《たい》応《おう》させた4つの打撃《だげき》ボタンや空中コンボ、10連コンボなどの独自《どくじ》のシステム、そしてロボットや怪物《かいぶつ》などの個性的《こせいてき》なキャラク

ターが多いのが特徴《とくちょう》です。キャラクター数は40以上にのぼっています。

7作目の「鉄拳7」は2015年に発売。2016年にはバージョンアップ版《ばん》「鉄拳7 FATED RETRIBUTION（フェイテッド レトリビューション）」が、2019年には2回目のバージョンアップ版となる「鉄拳7 FATED RETRIBUTION ROUND2」が発売になっています。

基本《きほん》のコマンドやコンボのシステムはそのままに、新システムとして体力が低下することで突入《とつにゅう》する「レイジ状態《じょうたい》」で強力な必殺技を出すことができる「レイジアーツ」、「レイジドライブ」などが追加され、不利な状況《じょうきょう》からでも一発逆転《ぎゃくてん》が狙《ねら》いやすいゲームシステムになっています。

世界の大会で、日本人選手が活躍《かつやく》するeスポーツジャンル

本家・日本の強さは折り紙付き！日本人選手の活躍《かつやく》が際立《きわだ》つeスポーツジャンル

「ストリートファイター」は、世界規《き》模《ぼ》の大会で日本人選手が活躍《かつやく》するタイトルの代表格《だいひょうかく》といえます。世界最大級の格《かく》闘《とう》ゲーム大会『エボリューション チャンピオンシップシリーズ（Evolution Championship Series：通称《つうしょう》EVO）』では、日本初プロゲーマー ウメハラ選手（2009年、2010年連覇《れんぱ》）、東大卒プロゲーマーときど選手（2017年に優勝《ゆうしょう》）のほか、多数の日本人選手が優勝、入賞《にゅうしょう》を果たしています。

公式世界大会『カプコン プロツアー（Capcom Pro Tour）』は、世界各国の大会でポイントを獲得《かくとく》できるシステムです。最終的にポイントランキング上位の選手が『カプコンカップ（Capcom Cup）』で激突《げきとつ》し、その年の世界最強を決めます。2019年大会ではアメリカのidom選手が優勝し、日本人選手ではマゴ選手の4位が最高順位となりました。

EVOをはじめとした世界規模《きぼ》の格闘《かくとう》ゲーム大会で、日本人選手の活躍《かつやく》から目が離《はな》せない！

「鉄拳《てっけん》」では、プロゲーマー、ノビ選手が、『ワールド サイバーゲームズ2011（World Cyber Games2011）』、『EVO2015』、『ザ キング オブ アイアンフィストトーナメント2015（THE KING OF IRON FIST TOURNAMENT 2015）』などで世界一に輝《かがや》いたことをはじめ、日本人選手が活躍《かつやく》しています。

2017年からは「鉄拳7」の国際《こくさい》トーナメントシリーズ『鉄拳ワールドツアー（TEKKEN World Tour）』が開催《かいさい》。アメリカ、ヨーロッパ、アジアをはじめとする世界各地での認定《にんてい》大会の後、決勝大会『鉄拳ワールドツアー ファイナル（TEKKEN World Tour Finals）』へと続きます。

「鉄拳《てっけん》7」で、
格闘《かくとう》ゲームを
ポイント解説《かいせつ》

プレーの楽しさはもちろん、観戦していても楽しい格闘《かくとう》ゲーム「鉄拳《てっけん》7」

「鉄拳《てっけん》7」には、40を超《こ》えるキャラクターの設定《せってい》があり、まずは自分好みのキャラクターを選びます。キャラクターによって、特徴《とくちょう》や必殺技《ひっさつわざ》が異《こと》なるので、決まったキャラクターを長く使うプレーヤーが多いです。

相手の攻撃《こうげき》を受けると、そのダメージによって「体力」が減少《げんしょう》していき、先に「体力」がゼロになったほうが負けとなります。パンチやキックはもちろん、投《な》げ技《わざ》など、多様な攻撃を繰《く》り出《だ》すことができます。

「体力」が大きく減少《げんしょう》しても、一発逆転《ぎゃくてん》を狙《ねら》うこともできます。体力が一定レベルより下がって「レイジ状態《じょうたい》」になった時に使うことのできる強力な技《わざ》“レイジアーツ”がそれです。

「鉄拳7」をはじめとする格闘《かくとう》ゲームでは、一瞬《いっしゅん》のコントローラー操作《そうさ》の差が勝敗を分けることになります。FPSやRTS、バトルロイヤルなどのジャンルと比《くら》べても短時間で勝敗が決まるので、高い集中力が求められます。

タイトル：鉄拳7　発売元：バンダイナムコエンターテインメント

2 FPS（ファースト・パーソン・シューティング）

自分が主人公になって、ゲームの世界で大活躍《だいかつやく》する

プレーヤーがゲーム内の人物になりきって戦うアクションゲーム

FPSとは、一人称視点《いちにんしょうしてん》（主人公本人の視点）のシューティングゲームのことで、「First Person shooting（ファースト・パーソン・シューティング）」の頭文字をとってFPSと呼《よ》ばれています。操作《そうさ》しているプレーヤーがゲーム内の人物になりきって、その世界や空間を自由に移動《いどう》でき、武《ぶ》器《き》や素手《すで》などを用いて戦うアクションゲームで、銃《じゅう》などで敵《てき》を撃《う》つタイプのものが一《いっ》般的《ぱんてき》です。

数あるeスポーツ競技《きょうぎ》の中でも、特にFPSは、eスポーツをリードし、現在《げんざい》も最も人気のジャンルとして、大会規模《きぼ》や賞金《しょうきん》額《がく》もトップクラスとなっています。

1990年代に、パソコンゲームとして登場したFPS

1970年代には、すでに「メイズ・ウォー（Maze War）」など一人称視点《いちにんしょうしてん》のシューティングゲームが登場していましたが、直《ちょく》接的《せつてき》にFPSのはじまりといわれているのは、1992年に発売された「ウルフェンシュタイン3D（Wolfenstein 3D）」です。さらに、1993年には、「ドゥーム（DOOM）」が大ヒットし、この2作がFPSの原型《げんけい》をつくりました。その後も多くのFPSが登場しますが、パソコン用のゲームが中心だったため、今ほどパソコンが普及《ふきゅう》していなかった日本では、あまり広まっていませんでした。

映画「007」シリーズを題材にしたおもしろさで、日本初のFPSヒット作品に！

家庭用ゲーム機の進化により、それまでパソコンが主流だったFPSが家庭用ゲーム機にも広がっていきました。1997年にニンテンドー64（NINTENDO64）で発売された「ゴールデンアイ007（GoldenEye 007）」は、日本で初めてヒットしたFPSといえるでしょう。映画007シリーズを題材にし、その世界観を再現《さいげん》しつつ、FPSのおもしろさを十分に備《そな》えたこのゲームは、世界で800万本以上のセールスを記録。家庭用ゲーム機でのFPSの歴史《れきし》がはじまりました。

1990年代後半以降《いこう》、プレイステーション（PlayStation）、エックスボックス（Xbox）などのさまざまなゲーム機の登場により、FPSは一大ジャンルへと発展《はってん》していきます。グラフィックの向上はより高いリアル感を生み出し、システム面も洗練《せんれん》さ

れてゲームとして遊びやすく整備《せいび》されていきました。さらに、インターネットの普及《ふきゅう》によるマルチプレイ（多人数で同時にプレイ）の発展はめざましく、遠く離《はな》れたプレーヤーと対戦したり、協力したりできるプレイスタイルはFPSととても相性《あいしょう》がよかったといえます。

ハードとソフト両面からの技術《ぎじゅつ》の進歩により、FPSはさらに高い臨場感《りんじょうかん》を味わえる形になってきました。グラフィックが精密《せいみつ》になってきただけでなく、3D立体視《りったいし》（立体的に見える映像《えいぞう》）や、カメラの前のプレーヤーの動きに反応してゲームを進められるキネクト（Kinect）などを使うことで、ネットワークプレイの中で、まるで仲間の兵士と戦場にいるかのような感覚が生まれています。

FPSの主な人気タイトル

映画化作品も多い、有名なスパイ小説シリーズを題材にしたスリリングな展開《てんかい》が人気

世界的な人気作家トム・クランシー（Tom Clancy）原作の小説「レインボーシックス（Rainbow Six）」を題材としたゲームです。その最新作「レインボーシックスシージ（Rainbow Six Siege）」は2015年に発売されました。

テロリストと対テロ攻撃《こうげき》部隊“レインボー”との戦いをイメージした、5対5のチーム戦を行います。屋内を舞台《ぶたい》とした激《はげ》しい近接戦闘《きんせつせんとう》で濃密《のうみつ》なチームプレイを味わうことができます。また、1回倒《たお》されると復活《ふっかつ》できないというシビアな設定《せってい》も特徴《とくちょう》のひとつで、死と隣《とな》り合《あ》わせの緊張感《きんちょうかん》あふれるプレイ体験を実現《じつげん》しています。

“レインボー”は、多国籍《たこくせき》の特殊《とくしゅ》部隊で構成《こうせい》され、プレーヤーは、フランス、イギリス、ドイツ、ロシア、アメリカなどの実在《じつざい》する組織《そしき》出身とされる20人以上から、自分の操作《そうさ》するキャラクターを選ぶことができます。それぞれ独自《どくじ》のスキルやガジェットが与《あた》えられており、それを生かして、どう立ち回るかが重要になります。

SF映画のような世界を表現《ひょうげん》したFPS
多彩《たさい》なヒーローを操《あやつ》り、
味方と連携《れんけい》することで勝利をつかみとる!!

「オーバーウォッチ」は、未来の地球を舞台《ぶたい》に、さまざまな特殊能力《とくしゅのうりょく》を持ったヒーローたちを使って対戦し、最大6対6のチーム戦を行うことができるゲームです。

操作《そうさ》キャラクターとなるヒーローには、特殊能力のほかにそれぞれ4つのロール（役割《やくわり》）が割《わ》り振《ふ》られています。相手を倒《たお》すことを得意《とくい》とするロール、守りを得意とするロールなど、ヒーローによって得意分野が異《こと》なるので、その特性《とくせい》に応《おう》じた立ち回りを行うことがポイントです。また、各ロールのバランスがとれたチーム構成《こうせい》やチームワークが重要となることも大きな特徴《とくちょう》です。熟練《じゅくれん》したプレーヤーでもひとりで戦況《せんきょう》を覆《くつがえ》すのは難《むずか》しく、味方との連携《れんけい》や協力が勝利のカギになります。

世界中で人気のFPSで、日本勢《にほんぜい》もがんばっている!!

世界レベルでの活躍《かつやく》が期待される
「レインボーシックス シージ」

「レインボーシックス シージ」は、日本のチームが世界で活躍《かつやく》できるeスポーツタイトルのひとつといえるでしょう。主な大会としては国内公式大会『ジャパンリーグ（Japan League）』と世界大会『プロリーグ（Pro League）』があります。

2018年には、APAC（アジア太平洋）地域《ちいき》の王者を決定する『プロリーグ シーズン8エイパック ファイナル イン トウキョウ（Pro League Season 8 APAC Finals-in TOKYO）』で、日本チーム「野良《のら》連合」がアジア地域で日本チームとして初めてチャンピオンとなり、世界大会への挑戦権《ちょうせんけん》を獲得《かくとく》しました。さらに、毎年2月にカナダのモントリオールで開催《かいさい》される「レインボーシックス シージ」のeスポーツ最《さい》高峰《こうほう》の世界大会『シックス インヴィテイショナル2019（Six Invitational 2019）』では、「野良連合」が日本チームとして最高順位であるベスト4に入りました。

「オーバーウォッチ」でも
日本チームは世界レベルを目指している

「オーバーウォッチ」については、日本のプロチームが続々と解散《かいさん》していく中で、「ジュピター（JUPITER）」が2018年にオーバーウォッチ部門を設立《せつりつ》し、世界大会に参戦しました。

「ジュピター」では、世界で戦えるよう、日本の精鋭《せいえい》を集結させています。『オーバーウォッチ ワールドカップ2019（Overwatch World Cup 2019）』では、渡航費用《とこうひよう》をクラウドファンディングで集め、多くの支援《しえん》が得《え》られるなど、このゲームの人気がうかがえます。

日本チームの活躍《かつやく》は、
まだまだこれからに期待

FPSの人気タイトルのひとつである「コール オブ デューティ」シリーズも、いくつかのチームが日本から世界に参戦しています。しかし、世界との間にはまだ大きな壁《かべ》がある状況《じょうきょう》で、これからのがんばりに期待したいところです。

FPSって、どんなゲーム？

攻撃側《こうげきがわ》と守備側《しゅびがわ》に分かれて、ミッションクリアか、ミッション阻止《そし》かを競《きそ》う!

攻撃側《こうげきがわ》と守備側《しゅびがわ》が、何人かのチームを組むのが一般的《いっぱんてき》です。たとえば、攻撃側のチームには、目的の場所に爆弾《ばくだん》をセットして爆発させるというミッションが与《あた》えられ、成功すれば勝利です。対する守備側のチームは、それを阻止《そし》できれば勝ちとなります。

多くのFPSでは、たくさんの登場人物が用意されていて、プレーヤーは、その中からひとりを選んで、ゲームを行います。各登場人物には、得意《とくい》な武器《ぶき》や技《わざ》があり、そうした得意技を生かして戦います。

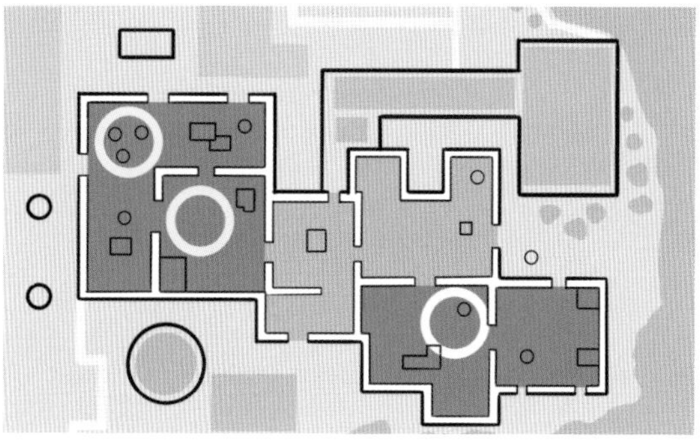

ゲームにはいろいろな場所が用意されていて、それぞれに異《こと》なるミッションが設《せつ》定《てい》されていたりします。ゲーム中は、全体マップで自分がどこにいるのかを確認《かくにん》しながら、ミッション遂行《すいこう》のための作戦を考えます。

FPSの特徴《とくちょう》は一人称《いちにんしょう》視点《してん》です。画面の手前にある銃《じゅう》などの武器が、自分が持っている武器です。オンラインでつながった味方同士でコミュニケーションを取りながら、連携《れんけい》プレイでミッション達成を目指します。

3 スポーツゲーム

実際《じっさい》のプロスポーツとリンクして、進化するスポーツゲーム

実際《じっさい》のスポーツがそのままデジタルに

スポーツゲームはフィジカルスポーツを題材とするコンピューターゲームです。プレーヤーがキャラクターを操作《そうさ》し、対戦相手またはコンピューターが操作するキャラクターと、実際《じっさい》のスポーツのルールにしたがって勝敗を競《きそ》います。また、コーチや監《かん》督《とく》として選手を育てたり、オーナーとなってチーム経営《けいえい》したりと、シミュレーション要素《ようそ》のあるものもあります。

ゲームでは、キャラクターの性能《せいのう》（選手の能力）や刻々《こくこく》と変化する試合の状況《じょうきょう》に応《おう》じて操作したり、チームの指揮《しき》をとったりしていきます。プレーヤーとしての細かな操作スキルはもちろん、監督として試合全体の流れを確認《かくにん》しながら勝利への道筋《みちすじ》を考える思考力や戦略性《せんりゃくせい》も求められます。

現実《げんじつ》世界とリンクした、リアルなプレーが楽しい

スポーツゲームは、コンピューターゲームの歴史《れきし》の初期の頃《ころ》から存在《そんざい》し、長く続いているゲームジャンルです。

1958年にアメリカで発売された「テニス フォー ツー（Tennis for Two）」は、一般人《いっぱんじん》がプレイした世界初のコンピューターゲームといわれています。

その後、コンピューターやゲーム機の性《せい》能《のう》がより高度になるにつれて、スポーツゲームも進化を遂《と》げていきます。

実在《じつざい》のチームや選手が登場する本格的《ほんかくてき》なスポーツゲーム

1990年代には、現在《げんざい》も人気がある「ウイニングイレブン（Winning Eleven）」や「フィファ（FIFA）」シリーズの第1作が発売されています。この頃《ころ》からスポーツゲームには、実在《じつざい》する選手やチームがそのまま反映《はんえい》されているケースが多くなっていきます。活躍《かつやく》している選手や過去《かこ》のスター選手を、ゲーム上で自分の手で操作《そうさ》することができることも大きな楽しみです。現実《げんじつ》世界とリンクさせることで、より深くゲームにのめり込《こ》むことができるようになったといえるでしょう。また、オンラインで対戦できるゲームも増加《ぞうか》しました。

リアルスポーツとの融合《ゆうごう》がさらなる人気を呼《よ》ぶ

実際《じっさい》のプロサッカーチームがeスポーツ部門を設立《せつりつ》し、プロのeスポーツプレーヤーが所属《しょぞく》するケースも出てくるなど、リアルなスポーツとeスポーツの融合《ゆうごう》も見

られるようになります。

2020年には新型《しんがた》コロナウイルス感染拡《かんせんかく》大《だい》の影響《えいきょう》から全世界でスポーツの試合開催《かいさい》がストップする状況《じょうきょう》の中、プロスポーツ選手が参加するｅスポーツ大会の開催が相次ぎました。

世界のプロサッカー選手が、「フィファ20（FIFA 20)」を使用してオンラインで戦うドリームマッチが開催されたり、日本人プロテニスプレーヤー・錦織圭《にしこりけい》選手が「テニス ワールドツアー（Tennis World Tour)」のプレイステーション４（PlayStation ４）版《ばん》を使ったオンライン大会に出場したことも話題になりました。

スポーツゲームの主な人気タイトル

実在《じつざい》する500以上のチームとそこに所属《しょぞく》する選手たちを操作《そうさ》してプレイできる、人気のサッカーゲーム

「フィファ（FIFA)」シリーズは、アメリカの大手ゲーム販売《はんばい》会社が販売する国際《こくさい》サッカー連盟《れんめい》（略称《りゃくしょう》FIFA）公認《こうにん》のサッカーゲーム。１作目は1994年発売の「フィファ インターナショナルサッカー（FIFA International Soccer)」で、最新作の「フィファ20（FIFA20)」は2019年に発売されています。

大きな特徴《とくちょう》は、チームや選手が実名で登場することです。ヨーロッパを中心に実在《じつざい》する500以上のチームと約15,000人以上の選手を操作《そうさ》して、プレイすることが可《か》能《のう》となっています。また、実際の選手によるモーションキャプチャーや3Dスキャンなどでリアルな動きを追求。無理な体勢《たいせい》からシュートをすると想定と異《こと》なる球の軌道《きどう》を描いたり、選手のスタミナが大きく消費《しょうひ》されて、ミスが多くなったりするなど現実《げんじつ》的《てき》な設定《せってい》がなされています。

美しいグラフィックと、選手の動きのリアリティが特徴《とくちょう》で、「マスターリーグ」モードを使えばチームづくりができる

日本のゲーム会社が開発、販売《はんばい》をしているサッカーゲームが、「ウイニングイレブン(Winning Eleven)」シリーズです。1995年に第１作目の「Ｊリーグ実況《じっきょう》ウイニングイレブン」を発売。平均《へいきん》して１年に１作のペースでつくられ、最新作「eFootball ウイニングイレブン 2020」は2019年に発売されました。当初は、Ｊリーグのチームのみが収録《しゅうろく》されたゲームでしたが、のちに世界中のクラブチームや代表チームが収録されるようになりました。ライセンス契約《けいやく》の問題から、「FIFA」シリーズと比《くら》べると、実在《じつざい》するチームや選手の収録数は少ないですが、徐々《じょじょ》に増加《ぞうか》しています。

グラフィックの美しさには定評があり、選手の動きにもリアリティが追求されています。初心者でもわかりやすいシンプルな操作《そうさ》で、高度なプレイや、パスワークなどを演出《えんしゅつ》しやすいのも特徴《とくちょう》です。爽快感《そうかいかん》を重《じゅう》視《し》し、やや現実離《げんじつばな》れした華麗《かれい》なプレイを楽しむこともできます。

好きなクラブチームを自分で経営《けいえい》して最強のチームを目指すという「マスターリーグ」モードも人気を集めています。

1994年の発売以来、根強い人気の「実況《じっきょう》パワフルプロ野球」とプロ野球12球団《きゅうだん》がタッグを組んで、eスポーツリーグを開催《かいさい》！

「eBASEBALL パワフルプロ野球 2020」を開発したコナミデジタルエンタテインメントと、日本野球機構（NPB）が共催《きょうさい》する『eBASEBALL プロリーグ』は、実際《じっさい》のプロ野球同様、12球団《きゅうだん》がeドラフト会議でプロプレーヤーを指名し、セ・リーグとパ・リーグに分かれてペナントレースを戦います。そして最終的には『e日本シリーズ』での日本一を目指すという、リアルなプロ野球と同様の構成で開催される画期的なeスポーツリーグです。

「eBASEBALL パワフルプロ野球 2020」は、1994年にスーパーファミコン用ソフトとして第1作が発売されて以来、根強い人気を保っているゲーム「実況《じっきょう》パワフルプロ野球」シリーズの最新作です。

リアルのスポーツ団《だん》体《たい》が、eスポーツ大会を後《あと》押《お》し

フィジカルのプロスポーツと共同でのリーグや大会の開催盛《かいさいさか》んに

「フィファ（FIFA）」シリーズの大会としては、2004年から、『フィファ インタラクティブワールドカップ（FIFA Interactive World Cup）』が開《かい》催《さい》されています（2018年からは名称《めいしょう》を『フィファ イーワールドカップ（FIFA eWorld Cup）』に変更《へんこう》）。国際《こくさい》サッカー連盟《れんめい》（FIFA）はこの大会を、バーチャルサッカーにおけるワールドカップに相当すると定義《ていぎ》しており、世界中で行われる数々の予選を突破《とっぱ》した選手が世界の頂点《ちょうてん》を争います。日本では2018年より、Jリーグeスポーツのリーグ戦『明治安田生命 eJ.LEAGUE』を「FIFA」シリーズを用いて開催しています。

日本チームも活躍《かつやく》する「ウイニングイレブン」

「ウイニングイレブン」シリーズは、2001年に欧州《おうしゅう》で大会を初めて開催《かいさい》し、それから年々規模《きぼ》を拡大《かくだい》して、今では『eFootball.Open』という名称《めいしょう》で世界的にeスポーツ大会を展開《てんかい》しています。2019年の決勝大会（当時の開催名は『PES LEAGUE』）では、日本からはCO-OP（3対3）部門にチーム「BEGINNERS（ビギナーズ）」が出場し、日本チームとして初のベスト4入りを果たしました。さらに、2020年に開催された『eFootball.Open』のPS4部門では、徳島県出身のあると選手が優勝《ゆうしょう》しました。日本人がウイニングイレブンの世界大会で優勝するのは初めてです。

今後は、サッカー、野球だけでなく、さまざまなプロスポーツでリアルとeスポーツの協力が広がっていく

プロリーグなどを巻《ま》き込《こ》んで、eスポーツ大会を開催《かいさい》する動きは、サッカーや野球だけではありません。

アメリカのプロバスケットボールのリーグであるNBAでも、2018年からeスポーツのリーグを創設《そうせつ》しています。

今後はさらに多くのプロスポーツが、eスポーツを取り入れていくことでしょう。

「ウイニングイレブン」で、
スポーツゲームを
ポイント解説《かいせつ》

サッカーをプレイする楽しさはもちろん、クラブチームの運《うん》営《えい》までもリアルに体感!!

「ウイニングイレブン」シリーズは、1995年に第1作「Jリーグ実況《じっきょう》ウイニングイレブン」を発売して以来、2020年で25周年となります。最新のデータに基《もと》づいて、監督《かんとく》を決め、選手を集めるなど、自分だけのmyClub（マイクラブ）をつくることができます。

自分で出場選手を決めて試合に臨《のぞ》む。eスポーツの大会などでは、1チーム3人など複数人《ふくすうにん》で、画面上の選手を分担《ぶんたん》して操作《そうさ》し、相手チームと戦うこともあります（もちろん、ふだんの遊び方としてチーム戦を楽しむこともできます）。

「ウイニングイレブン」は、リアルな試合展開《てんかい》が特徴《とくちょう》で、プレーヤーはもちろん、観戦者も、実際《じっさい》のプロサッカーの試合を見ているような臨場感《りんじょうかん》でゲームを楽しめます。

最新作の「eFootball ウイニングイレブン 2021 SEASON UPDATE」では、通信機能《きのう》を使って、遠隔地《えんかくち》のプレーヤーとオンライン対戦を楽しむこともできます。

4 RTS（リアル・タイム・ストラテジー）

リアルタイムの状況《じょうきょう》分析《ぶんせき》で、戦略《せんりゃく》を考える頭脳戦《ずのうせん》

自分の領地《りょうち》や軍備《ぐんび》を整え、リアルタイムで戦略《せんりゃく》を考えて進行するゲーム

RTSとは「リアル・タイム・ストラテジー(Real-time Strategy)」の略《りゃく》。「ストラテジー」は「戦略」という意味ですから、リアルタイムで戦略を立てて進めるゲームということです。

古くから人気のある将棋《しょうぎ》やチェスのようにターン制《せい》（プレーヤーが交代で順番に手を打つ戦い方）で進行するシミュレーションゲームを、リアルタイムで進行するように進化させたゲームともいえます。

RTSでは、プレーヤーが神や指揮官《しきかん》などの立場から、兵士などの複数《ふくすう》のキャラクターに指示《しじ》を与《あた》えて自由に行動させながら、敵拠点《てききょてん》の破壊《はかい》を目指します。プレーヤーは複数《ふくすう》の駒《こま》を操作《そうさ》するので、戦況《せんきょう》はリアルタイムに刻々《こくこく》と変わります。

じっくり戦略を考えてから行動することのできるターン制ではありませんから、とっさの判断力《はんだんりょく》からくる対戦相手同士のかけひきや攻防《こうぼう》、複数の駒を緻密《ちみつ》に動かす細かなテクニックを楽しめるのが特徴《とくちょう》です。

戦闘《せんとう》だけでなく、軍備《ぐんび》を整えたり、資源調達《しげんちょうたつ》するなど、さまざまな作業を効率的《こうりつてき》に行わなければならない

単に敵《てき》と対戦するだけでなく、多くのゲームは、資源《しげん》を調達《ちょうたつ》して兵士を生産するところからはじまります。さらに、防衛施《ぼうえいし》設《せつ》の建設や武力《ぶりょく》を強化するなど、軍備《ぐんび》を整えながら敵地を攻《せ》め落《お》としていくのです。やらなければならないことがとても多いので、試合時間が比較的《ひかくてき》長いのもRTSの特《とく》徴《ちょう》だといえます。

“リアルタイム”に進行するおもしろさで、多彩《たさい》なゲームが登場

1990年代後半からパソコンゲームとして発展《はってん》したRTSは、歴史に基《もと》づく作品や、SF系まで幅広《はばひろ》いテーマがある

RTSはパソコンなどの機器の進化によって、リアルタイムでのゲーム進行が可能《かのう》になったことによって成立したゲームジャンルといえます。

RTSのはじまりは、1984年にアメリカの会社から発売された「ジ エインシェント アート オブ ウォー（The Ancient Art of War)」といわれています。日本では1986年に「アート オブ ウォー」の名称《めいしょう》

で発売されました。

パソコンでマウスを操作《そうさ》して行うのに適《てき》したゲームだったこともあり、1990年代にはパソコン向けのRTSが続々と発売されます。1995年発売の「ウォークラフト（Warcraft）」、「コマンド＆コンカー（Command & Conquer）」や1997年発売の「エイジ オブ エンパイア（Age of Empires）」がヒットしたことで一大ジャンルへと成長していきました。

その後も多くのRTSがつくられ、ファンタジーや史実《しじつ》の戦記ものからSFまで幅《はば》広《ひろ》いテーマをカバーしています。

また、eスポーツにおいても早くから盛《も》り上《あ》がりを見せた先駆者《せんくしゃ》ともいえるジャンルで、数多くの大会が開かれてきました。

RTSの主な人気タイトル

3種類の宇宙人が登場するSF系のRTSで、広大なフィールドで大規模《だいきぼ》軍隊《ぐんたい》をコントロールする楽しさが魅力《みりょく》！

「スタークラフト2」は、2010年にアメリカのゲーム会社から発売された人気作「スタークラフト（Star Craft）」（1998年発売）の続編《ぞくへん》で、SF世界を舞台《ぶたい》としたRTSです。グラフィックは3Dになり、操作《そうさ》もわかりやすくなったと評判《ひょうばん》です。2017年には、基本《きほん》無料でプレイできるようになっています。

宇宙《うちゅう》での種族間戦争がテーマとなっており、「テラン」、「ザーグ」、「プロトス」という異《こと》なる特徴《とくちょう》をもつ3種族がフィールドの占有権《せんゆうけん》を奪《うば》い合《あ》うといった内容《ないよう》です。プレーヤーは3つの種族の中からひとつを選び、司令官となって、資源《しげん》を収集《しゅうしゅう》しながらユニットと呼《よ》ばれる兵力を生成し、軍隊を率《ひき》いて相手拠点《きょてん》の破壊《はかい》を目指します。

広大なマップ全体を使って大規模《だいきぼ》な軍隊を構成《こうせい》する多くのユニットをコントロールし、ユニット生成用の資源を管理しながら、敵を攻撃《こうげき》したり自分のベース（拠点）を防衛《ぼうえい》したりしなければなりません。また、このゲームは自分のいるところ以外は視界《しかい》が真っ暗になっているので、偵察《ていさつ》することによって、相手の情報《じょうほう》をどれだけ正確《せいかく》に把握《はあく》できるかも重要となります。その状況《じょうきょう》に応《おう》じて自らの戦略《せんりゃく》をリアルタイムで変えていくことが、大きな楽しみといえるでしょう。

剣《けん》と魔法《まほう》が支配《しはい》するファンタジーの世界で、さまざまな種族、さまざまな生物が登場する、人気のRTS

「ウォークラフト3」は、「ウォークラフト」の3作目で、2002年にアメリカで発売され、日本では2003年に発売されました。「スタークラフト」の姉妹作《しまいさく》とされています。

基本的《きほんてき》なルールは同じですが、「スタークラフト」がSFの世界を舞台《ぶたい》にしていたのに対し、「ウォークラフト」は剣《けん》と魔法《まほう》の支配《しはい》するダークファンタジーの世界観が特徴《とくちょう》です。さまざまな生物、種族間の抗争《こうそう》をテーマとしており、ゲーム中にはヒューマンやオーク、アンデッド、ナイトエルフなどの種族が登場します。それぞれ性能《せいのう》や特殊能力《とくしゅのうりょく》は異《こと》なるものの、各種族の強さが拮抗《きっこう》する絶妙《ぜつみょう》なバランスに調整されており、その奥深《おくぶか》さが多くの人を惹《ひ》きつけています。

ゲームの進行時間に合わせて昼と夜が切《き》り替《か》わり、視界《しかい》の広さが変わります。また、種族によっては体力の回復量《かいふくりょう》が昼と夜で変わったり、昼夜がスキルの使用条件《じょうけん》に関わってきたりするのも、戦略《せんりゃく》を立てる上でおもしろいところです。RPGのように敵《てき》を倒《たお》すことで経験値《けいけんち》を得《え》てレベルを上げ、スキルを修得《しゅうとく》することができる「ヒーロー」というユニットがいることも大きな特徴です。

世界中で人気が高い「スタークラフト」&「ウォークラフト」

世界的に人気で、高額賞金《こうがくしょうきん》の大会もある「スタークラフト」では、韓国人《かんこくじん》プロプレーヤーの活躍《かつやく》が目立っている

「スタークラフト」は、発売から20年経《た》った2018年でも、総賞金《そうしょうきん》4.4億円以上となるトーナメントを開催《かいさい》できるほどの人気を保《たも》ち、430のトーナメントのうち12トーナメントは賞金1000万円以上となっています。アメリカの作品ですが、最も大きな盛《も》り上《あ》がりを見せたのは韓国《かんこく》で、ゴールデンタイムに「スタークラフト2」のリーグ戦が放送されていたほどです。世界大会でも、韓国人のプロプレーヤーが圧《あっ》倒的《とうてき》な強さを誇《ほこ》っています。そうした中、2018年の「スタークラフト2」の世界王者を決める『スタークラフト2・ワールドチャンピオンシップシリーズ・グローバルファイナル（StarCraft II World Championship Series Global Finals）』で、2012年の第1回大会から決勝戦に上がることすらなかった韓国人以外の選手が優勝《ゆうしょう》。フィンランドのSerral選手でした。

日本では「スタークラフト」の認知度《にんちど》は低く、活躍《かつやく》しているプレーヤーも少ないようです。

競技性《きょうぎせい》の高さから、eスポーツ大会で取り上げられることの多い「ウォークラフト」シリーズは、アジアでも大人気！

「ウォークラフト」シリーズは競技性《きょうぎせい》が高いことからeスポーツの大会で人気があります。

中国を中心に『ウォークラフト ゴールドリーグ（Warcraft Gold League）』など、数々の大会が開催《かいさい》されています。

アジアeスポーツ連盟《れんめい》（AESF）が新設《しんせつ》した競技会『イーマスターズ（e-Masters）』の第1回目となる大会『AESF e-Masters 成都 2020』には、「ウォークラフト3：ザ フローズン スローン（Warcraft III: The Frozen Throne）」が「伝説対決 -Arena of Valor」、「eFootball ウイニングイレブン2020」、「リーグ・オブ・レジェンド」とともに競技種目に選ばれています。

RTSって、どんなゲーム？

相手プレーヤーと交互《こうご》に操作《そうさ》するのではなく、同時にいろいろな作戦などを実行して戦い、敵《てき》を攻《せ》め滅《ほろ》ぼす

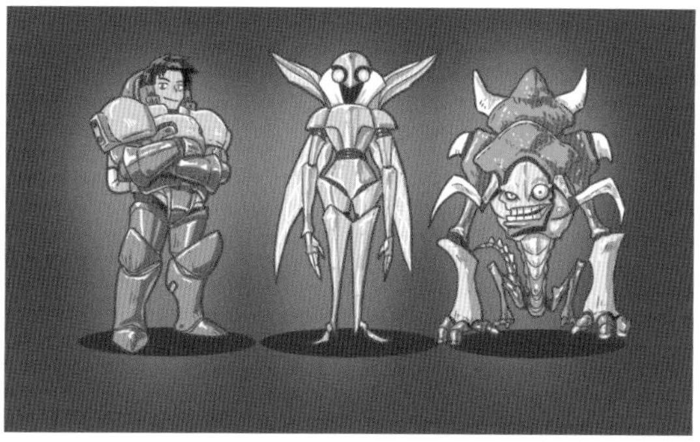

RTSでも、最終的に目指すのは敵《てき》を攻《せ》め滅《ほろ》ぼすことです。ただし、RTSでは、自分の軍隊を強くしたり、国を治めている場合には、経済《けいざい》や外交《がいこう》なども実践《じっせん》します。人気の「スタークラフト」などの場合、キャラクターの設定《せってい》からはじめます。

与《あた》えられたミッションを確認《かくにん》し、ゲームがスタートします。RTSの特徴《とくちょう》は、リアルタイムにゲームが進むことです。たとえば、こちらが戦闘能力《せんとうのうりょく》の高い兵士《へいし》を養成しようとしている間に、敵《てき》に攻《せ》められてしまったりします。

敵《てき》との戦闘《せんとう》においても、軍隊などをどう動かして、どのような戦術《せんじゅつ》で戦うかが重要です。敵の動きなどをしっかりと観察して、戦い方を変化させるなど、ゲームによってはさまざまな楽しみ方ができます。

戦闘《せんとう》だけではない、敵《てき》とのさまざまなかけひきなども行いながら、最終的には敵《てき》拠点《きょてん》を破壊《はかい》するなどのミッションを達成すれば、勝利となります。

5 デジタルカードゲーム

昔ながらのカードゲームを、デジタルで新ゲームに

カードの強さ以上に、戦略《せんりゃく》やかけひきが勝敗を決める、おもしろさ満載《まんさい》の頭脳《ずのう》ゲーム

デジタルカードゲームとは、いわゆるトレーディングカードゲーム（Trading Card Game: 略称《りゃくしょう》 TCG）を、パソコンやスマートフォン用にデジタル化したものです。

数百を超《こ》えるさまざまな効果《こうか》をもったカードを組み合わせ、2人以上で対戦して勝敗を競《きそ》います。手持ちのカードが勝敗を大きく左右するので、カードを充実《じゅうじつ》させ、強いデッキを組めるカードを集めることが重要です。また、カードの強さだけでなく、お気に入りのキャラクターのカードを手に入れるという楽しみ方もあります。ゲームにおいては、デッキ編成《へんせい》や使用するカードを選択《せんたく》して戦略《せんりゃく》を立てるので、手持ちのカードがそれほど強くなくても、戦略次第《しだい》で勝つことも可能《かのう》。その戦略性《せんりゃくせい》のおもしろさや頭脳戦《ずのうせん》が大きな魅力《みりょく》です。

デジタル化で、より TCG が手軽に！

基本的《きほんてき》なゲームの仕組みは、実際《じっさい》にカードを置いてやりとりする TCG と同じですが、処理《しょり》をすべてプログラムに任《まか》せられるので、ルール絡《がら》みのトラブルは少なくなります。アナログの TCG ではルールの難《むずか》しさがハードルとなりますが、デジタルカードゲームはプレイする中で自然に覚えていくことができるので、厳密《げんみつ》にルールを暗記する必要もなく、気軽にはじめられるのもメリットでしょう。また、処理が自動なのでゲームのテンポがよいのも特徴《とくちょう》です。

デジタルカードゲームは、ほとんどが無料で楽しめますが、ゲーム内で課金することで強いカードを集めるパターンが多いようです。しかし、時間をかけたり戦略《せんりゃく》を工《く》夫《ふう》したりすることで勝利できるので、無課金でも十分楽しむことができます。

海外では「ハースストーン」、日本では「シャドウバース」が人気

TCG「マジック：ザ ギャザリング」の影響《えいきょう》を受けたデジタル版《ばん》がはじまり

世界初のトレーディングカードゲームは、1993 年に発売されアメリカで大流行した「マジック：ザ ギャザリング（Magic: the Gathering：略称《りゃくしょう》 MTG）」だといわれています。その後 MTG を筆頭にファンタジーのモンスターなどを召喚《しょうかん》して戦うカードゲームが 90 年代に大ヒットしました。

日本でも、その流行の影響《えいきょう》を受け 1996

年に日本初の本格《ほんかく》TCG「ポケモンカードゲーム」が発売され、1999年には「遊戯《ゆうぎ》王《おう》オフィシャルカードゲーム」が発売されました。

「ハースストーン」人気で、デジタルカードゲームに注目が集まる

デジタルカードゲームが注目されるようになったのは、2014年発売の「ハースストーン（Hearthstone）」以降《いこう》のようです。「ハースストーン」は、MTGからインスピレーションを得《え》てつくられたといわれています。2016年には、日本のゲーム会社が「シャドウバース（Shadowverse）」のサービスを開始するなど、次々にデジタルカードゲームが登場し、このゲームジャンルが築《きず》かれていきました。

日本でデジタルカードゲームといえば、「シャドウバース」が有名ですが、世界的には「ハースストーン」が圧倒的《あっとうてき》な人気を誇《ほこ》っています。

デジタルカードゲームの主な人気タイトル

デジタルカードゲームの元祖《がんそ》ともいわれ、世界中に熱狂的なファンがいる！

「ハースストーン」は、RTS「ウォークラフト（Warcraft）」シリーズを手がけたアメリカのゲーム会社が2014年にサービスを開始した、「ウォークラフト」の世界観を背景《はいけい》としたゲームです。デジタルカードゲームの元祖《がんそ》ともいわれ、多くのタイトルに影響《えいきょう》を与《あた》えてきました。

ゲームはパソコンやスマートフォンなどさまざまな機器で展開《てんかい》していますが、各カードはアカウントごとに管理されているので、同じアカウントでログインすれば、どの機器でも同じ状態《じょうたい》でプレイできます。

基本《きほん》プレイは無料で、アイテム課金がありますが、課金で得《え》られるポイントとゲーム中のクエスト達成で得られるポイントは同一のものになっています。

■ハースストーンは、世界的に人気が高い

フランスで行われた『ドリームハック・オープン2018』でも、「ハースストーン」の競技《きょうぎ》が行われた。

プレーヤーは9種類のヒーローからひとりを選択《せんたく》し、さらに数百種類以上あるカードから30枚《まい》選んでデッキを編成《へんせい》します。ヒーローによって、選べるカードや特《とく》殊能力《しゅのうりょく》が異《こと》なるので、プレーヤーごとに全く違《ちが》うプレイスタイルを楽しむことができます。デッキに組んだカードを効果的《こうかてき》に用いて、相手プレーヤーのライフをゼロにしたほうが勝利となります。

ダークファンタジーの世界観がベース。愛らしいキャラクターたちと、独自のゲーム性で大人気！

「シャドウバース（Shadowverse）」は、2016年にサービスが開始されたデジタルカードゲームで、略称《りゃくしょう》「シャドバ」。日本のゲーム会社が開発、配信しています。基《き》本《ほん》プレイは無料で、アイテム課金制《かきんせい》です。

プレーヤーは8種類のクラスを割《わ》り当《あ》てられたリーダーの中から1人を選択《せんたく》し、40枚《まい》のカードからなるデッキをつくって対戦します。基本《きほん》ルールは「ハースストーン」と同様ですが、進化システムやカードの制《せい》限枚数《げんまいすう》など異《こと》なる要素《ようそ》もあり、独自《どくじ》の世界観をつくり出していることから、そのゲーム性《せい》が評価《ひょうか》され人気を集めています。

デジタルカードゲームは、世界大会での賞《しょう》金《きん》も高《こう》額《がく》

高額賞金《こうがくしょうきん》でも話題になる「ハースストーン」では、日本人選手はまだまだこれからに期待！

eスポーツとしてのカードゲームでは、「ハースストーン」が、2016年ハースストーン選手権《せんしゅけん》ツアーで賞金総額《しょうきんそうがく》100万ドル（約1億1,000万円）になり、メジャーなタイトルとして認識《にんしき》されてきました。2019年からは、ラスベガス（アメリカ）、ソウル（韓国《かんこく》）、ブカレスト（ルーマニア）の3か国で『ハースストーン グランドマスターズ（配信会社からグランドマスターとして認定《にんてい》された48名が頂点《ちょうてん》を目指して戦う大会）』というプロツアーを開《かい》催《さい》しています。日本人ではAlutemu選手とglory選手がグランドマスターに認定されています。決勝大会『ブリズコン2019（BlizzCon2019）』への出場は逃《のが》しましたが、今後の日本人プレーヤーの活躍《かつやく》が期待されます。

日本発で、アジア地域《ちいき》で大人気の「シャドウバース」では、日本人選手の活躍《かつやく》が目立つ

「シャドウバース」は、日本発のゲームということもあり、ゲーム人気はアジア圏《けん》が中心となっています。毎年12月には、世界一決定戦『シャドウバース ワールドグランプリ（Shadowverse World Grand Prix）』が開催《かいさい》されています。この大会には、世界各地で行われている大会で優秀《ゆうしゅう》な成績を残した合計24名が招待《しょうたい》されます。優勝賞金《しょうきん》は1億1,000万円です。2018年大会では、「NTT-WEST リバレント」所属のfeg選手が優勝しました。

「シャドウバース」で、
デジタルカードゲーム
をポイント解説《かいせつ》

知的戦《せん》略《りゃく》とかけひきで相手を打ち負かすデジタルカードゲームの醍《だい》醐《ご》味《み》を体感!!

「シャドウバース」には、８種類のリーダー・キャラクターがあり、そのうちのひとりを選ぶところからスタートします。まずリーダーを選び、それからデッキといわれるカードのセットを用意します。

「シャドウバース」は、ターン制《せい》なので、自分が一定の攻撃《こうげき》をすると、次は相手の攻撃となり、それが終わると、また自分の攻撃の番になる、というように、勝敗がつくまでターンを繰《く》り返《かえ》します。

「場」には、フォロワーと呼《よ》ばれるキャラクターを配置していきます。相手も同様にフォロワーのカードを配置します。カードには、攻撃力《こうげきりょく》・体力などが明記されており、フォロワーの攻撃力を相手の体力にぶつけて、倒《たお》していきます。

基本的《きほんてき》には、フォロワーで攻撃《こうげき》をし、スペルやアミュレットと呼《よ》ばれるカードでフォロワーを支援《しえん》したりしながら、対戦相手の体力をゼロにすることを目指します。相手リーダーの体力がゼロになる前に自分の体力がゼロになったら負けです。

6 バトルロイヤル

生き残りをかけて戦う サバイバル・シューティングゲーム

バトルロイヤルは、多数の個人《こじん》プレーヤー、または複数《ふくすう》の小規模《しょうきぼ》なチーム同士で対戦し、最後のひとり（1チーム）として生き残ることを目指すゲームです。

ゲーム開始時には、プレーヤーは基本的《きほんてき》に何の装備《そうび》も身につけておらず、マップ内を探索《たんさく》しながらランダムに出現《しゅつげん》する武器《ぶき》や防具《ぼうぐ》を装備します。他のプレーヤーとの対戦に勝ち続け、時間経過《けいか》とともに行動できる範囲《はんい》が徐々《じょじょ》に狭《せま》くなっていく中で、最後まで生き残った人が勝者となります。

「バトルロイヤル」は、本来は大規模な乱戦《らんせん》を意味する言葉です。しかし最近では、最後のひとりになるまで戦い続けるサバイバル・シューティングゲームのことを指すようになっています。これは、多数の中学生が島に連れて行かれて最後のひとりになるまで互《たが》いに戦わせられるという衝撃《しょうげき》的《てき》なストーリーで話題になった日本映画《えいが》「バトル・ロワイアル」(2000年公開)と、その原作小説の影響《えいきょう》といわれています。この映画・小説の影響を受けた海外のゲーム制作者《せいさくしゃ》がつくる“最後のひとりになるまで戦うゲーム”が人気となり、バトルロイヤルゲームとして定着したのです。

FPSやTPSのカスタマイズで進化し、発展《はってん》を遂《と》げてきた

気軽に楽しめるゲームが多く、日本でも人気のジャンルとして定着

バトルロイヤルというジャンルはFPSやTPS（44ページ参照《さんしょう》）から枝分《えだわ》かれして1ジャンルとして確立《かくりつ》していきました。パソコンゲームでは、技術力《ぎじゅつりょく》のあるユーザーが、ゲームのグラフィックやプログラムを書《か》き換《か》えてしまうことがあります。いわゆる改造《かいぞう》です。これは、通称《つうしょう》でモッド(Mod)と呼《よ》ばれます。多くは登場するキャラクターの衣装《いしょう》を変えたりします。中には元のゲームとは大きく異《こと》なったゲームにしてしまうぐらいまでに改変《かいへん》されたものもあるほどです。

パソコンゲームによっては、はじめからModの機能《きのう》を備《そな》えたものもあるなど、メーカーによってはModを認《みと》めているところもありますが、すべてのメーカーがModを認めているわけではありません。

Modで進化したゲームが、バトルロイヤルの原型《げんけい》

2009年発売の「アルマ2（ARMA2)」という軍事シミュレーションFPSを大《おお》型《がた》アップデートしたMod版《ばん》「デイズ

(DayZ)」が、2013年に発売となり、人気となりました。これをさらに、日本映《えい》画《が》「バトル・ロワイアル」に強い影響《えいきょう》を受けて拡張《かくちょう》したゲーム「デイズ：バトルロイヤル（DayZ: Battle Royale)」が登場しました。Modされたゲームをさらに Mod したわけです。これがとても人気となり、「プレーヤーアンノウンズ バトルグラウンズ（PLAYERUNKNOWN'S BATTLEGROUNDS、略称《りゃくしょう》PUBG)」(2017年発売）と、名前も変えて発売されるようになったのです。

パソコンゲームとして爆発的《ばくはつてき》な人気となった「PUBG」は、その後、エックスボックス・ワン（Xbox one）版、プレイステーション4（PlayStation 4）版が発売され、2018年にはスマートフォン向けアプリ「ピーユービージー モバイル（PUBG Mobile)」の配信も開始されました。ゲームができる環境《かんきょう》がスマホにも広がり、高スペックなパソコンやゲーム機がなくても気軽にゲームを楽しめるようになったことでユーザー数が増加《ぞうか》しています。

バトルロイヤルゲームは、海外のゲームメーカーのものが多いのですが、日本でも知名度の高いゲームの場合、日本語版や専《せん》用《よう》サーバー、国内専門のサポートや運営窓《うんえいまど》口《ぐち》が用意されているものもあります。各動画サイトでのプレイ動画の投稿《とうこう》や配信も盛《さか》んで、日本でも人気が高いジャンルになっています。

Mod版《ばん》のゲームが、オリジナル版より人気になることもある

登場人物の使用可能《かのう》な武器やコスチュームなどがModされる。

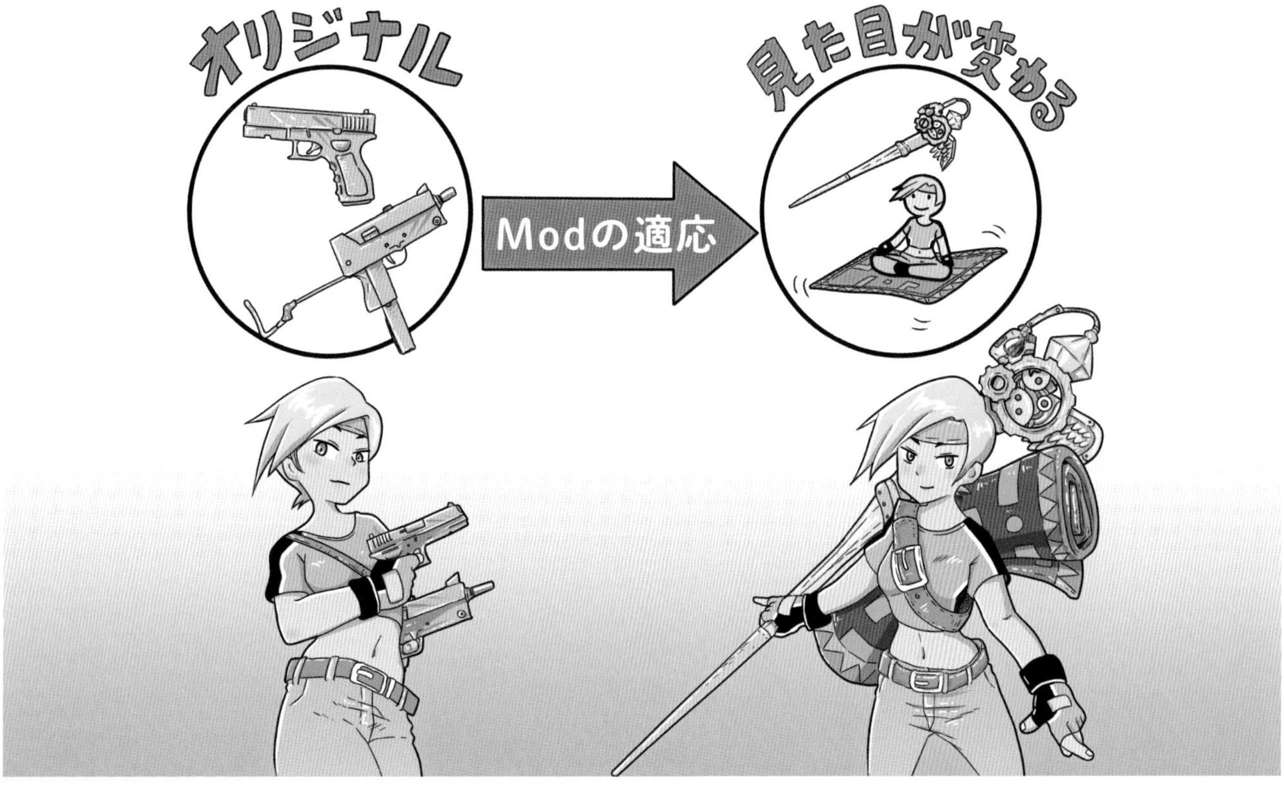

バトルロイヤルの主な人気タイトル

最大で 100 人のプレーヤーが入りみだれて、サバイバル戦を戦《たたか》い抜《ぬ》く !!

「プレーヤーアンノウンズ バトルグラウンズ (PLAYERUNKNOWN'S BATTLE GROUNDS)」は、バトルロイヤルブームの火付け役ともいえる 2017 年発売のゲーム。略称《りゃくしょう》「PUBG」。フィールド内に最大 100 人のプレーヤーが降《お》り立《た》ち、武器《ぶき》や装《そう》備《び》をその都度フィールドから探《さが》して装備して、最後のひとりになるまで戦《たたか》い抜《ぬ》きます。

プレーヤーは、だんだん狭《せま》くなる安全地帯内で、装備アイテムを駆使《くし》して生存競争《せいぞんきょうそう》にのぞみます。マップには孤島《ことう》、砂漠《さばく》、密《みつ》林《りん》などがあり、自然地形のほか、家や軍事基地《きち》、遺跡《いせき》といった、バラエティに富《と》んだ建造物《けんぞうぶつ》が存在《そんざい》します。PUBG の魅力《みりょく》は、そうした現実味《げんじつみ》のある場所で、徐々《じょじょ》にプレーヤーが減《へ》っていく緊張感《きんちょうかん》にあるといわれています。

相手を倒《たお》すだけじゃない！壁《かべ》をつくるなどの建築要素《けんちくようそ》も重要なポイントになる

「フォートナイト (Fortnite)」は、2017 年から配信、販売《はんばい》が開始されたゲームで、「世界を救え」、「バトルロイヤル」、「クリエイティブ」の 3 モードがあります。

バトルロイヤルは基本的《きほんてき》に無料で遊ぶことができ（キャラクターの見た目を変えることができるスキンは有料)、最大 100 人のプレーヤーが孤島《ことう》を舞台《ぶたい》に最後のひとり（1 チーム）になるまで戦いを繰《く》り広《ひろ》げます。ここまでは他のバトルロイヤルと同じですが、「フォートナイト」には建築《けんちく》（クラフト）の要素《ようそ》があるのが特徴《とくちょう》です。キャラクターは最初からツルハシ（収集《しゅうしゅう》ツール）を装備《そうび》しており、これを使って集めた資材《しざい》で壁《かべ》や階段《かいだん》などをつくり、自分に有利な地形を築《きず》きながら戦います。戦闘中《せんとうちゅう》に身を守る壁をつくったり、普通《ふつう》では登れないような急角度の坂に足場をつくって登ったりすることができるので、建築スキルも勝負を分けるポイントになります。

日本でも人気の高い「フォートナイト」

「フォートナイト」では、2019 年には、ニューヨークで世界大会『フォートナイトワールドカップ (Fortnite World Cup)』を初開催《はつかいさい》。10 週間にわたって競技《きょうぎ》モードでオンライン予選大会を開催し、地域別《ちいきべつ》サーバーで各週のトップとなったプレーヤーが招待《しょうたい》されました。予選を含《ふく》めると全世界から 4000 万人を超《こ》えるプレーヤーが参加し、世界最大規模《きぼ》の e スポーツ大会になりました。日本からはオンライン予選を勝《か》ち抜《ぬ》いた 15 ～ 16 歳《さい》の 4 人のプレーヤー（いずれも「クレイジーラクーン (CrazyRaccoon)」所属《しょぞく》）が出場しています。この大会で 16 歳のプレーヤーがソロ部門で優勝《ゆうしょう》し、賞金《しょうきん》 300 万ドル（約 3 億 3000 万円）を獲得《かくとく》したことも大きな話題になりました。

バトルロイヤルって、どんなゲーム？

大勢《おおぜい》のプレーヤーが、一度に対戦する壮大《そうだい》な戦いが魅力《みりょく》!!

バトルロイヤルでは、用意されている登場人物の中からひとつのキャラクターを選び、ゲームに参加します。多くのバトルロイヤルで、個性的《こせいてき》なキャラクターがいくつも用意されています。

戦う場所は、あらかじめ設定《せってい》されており、すべてのプレーヤーがその場所に集まって、“生き残り”をかけた戦いをスタートさせます。最初は限定《げんてい》された武器《ぶき》しかありませんが、ゲームの進行中に、いろいろな武器を手に入れることができます。

時間の経過《けいか》とともに、あるエリアが立ち入り禁止になるなど、環境《かんきょう》が厳《きび》しくなることもあります。「フォートナイト」の場合は、戦う場所である島に、嵐《あらし》が迫《せま》っているという設定《せってい》がなされ、時間とともに動ける範囲《はんい》が狭《せま》くなります。

バトルロイヤルの中には、チームを組んで戦うモードなどもありますが、どのモードであっても、敵《てき》を倒《たお》して、最終的には自分(もしくは自分のチーム)だけが生き残ることが目的です。

7　MOBA（マルチプレーヤー・オンライン・バトル・アリーナ）

RTSのサブジャンルだったものが、人気急上昇《きゅうじょうしょう》

相手チームの「本拠地《ほんきょち》」破壊《はかい》を目指してチームワークで戦う

MOBAは「マルチプレーヤー・オンライン・バトル・アリーナ（Multiplayer online battle arena)」の略《りゃく》で、28ページで取り上げたRTS（Real-time Strategy：リアル・タイム・ストラテジー）のサブジャンル、つまり枝分《えだわ》かれしたものといわれています。

複数《ふくすう》のプレーヤーがリアルタイムで対戦するオンラインゲームで、3対3、5対5などの2チームに分かれ、相手チームの陣地《じんち》にある「本拠地《ほんきょち》」を破壊《はかい》することで勝利となります。ひとりでさまざまなユニットの軍勢《ぐんぜい》を操作《そうさ》するのではなく、ゲーム開始時に選択《せんたく》した「ヒーロー（またはチャンピオン)」と呼《よ》ばれるキャラクターだけを操作する点が特徴《とくちょう》です。ヒーローには多様なスキル、武器防具《ぶきぼうぐ》、所持金などがあり、ロール（役割《やくわり》）もあります。ヒーローは成長させていく（レベルを上げる）ことができ、勝利のためには特性《とくせい》を生かしながら、チーム内での役割を果たすことが重要になります。

リアルタイムに変わる戦局に対応《たいおう》する柔《じゅう》軟《なん》な思考力や判断力《はんだんりょく》、高い戦略性が求められるゲームです。

MOBAは、RTSからはじまった

MOBAのはじまりは、RTSゲーム「ウォークラフト3（WarCraft3)」を改造《かいぞう》（いわゆるMod）した「ディフェンス オブ ジ エンシェンツ（Defense of the Ancients)、略称《りゃくしょう》ドータ（DOTA)」といわれています。2003年に発売された「ドータ」は、元の「ウォークラフト3」が世界的な人気ゲームだったこともあり、非常《ひじょう》に多くのプレーヤーの人気を集めました。また、「ドータ」に加え、その改良版《かいりょうばん》である「ドータ：オールスターズ（DOTA: Allstars)」も大好評《だいこうひょう》となり、国際的《こくさいてき》な賞金《しょうきん》トーナメントが開催《かいさい》されるまでになりました。

「リーグ・オブ・レジェンド」で、MOBAが一躍《いちやく》人気ジャンルに

「ドータ」や、その改良版《かいりょうばん》「ドータ：オールスターズ」が大人気となったことから、「ドータ」に似た特徴《とくちょう》をもったゲームタイトルが次々に開発されはじめました。すでに説明した通り、MOBAではひとりでひとつのキャラクターを操作《そうさ》し、チームで戦

うという点が、RTSとの大きな違《ちが》いです。さらに、選択《せんたく》できるキャラクターの数が多く、また使用できる武器《ぶき》などのバリエーションがとても豊富《ほうふ》であるなどの特徴もあります。

そうしたゲームがいくつも開発されましたが、その中でも特に、2009年発売の「リーグ・オブ・レジェンド（League of Legends）」（通称は「LoL」）は、大人気となりました。

そして、この「リーグ・オブ・レジェンド」が人気を集めたことで、MOBAというジャンルが一躍《いちやく》人気ジャンルとなったのです。

MOBAの主な人気タイトル

キャラクターの種類が140以上もあり、プレイするたびに、新しいゲーム展開《てんかい》を楽しめる

「リーグ・オブ・レジェンド」には140種類以上の個性的《こせいてき》なチャンピオン（キャラクター）が存在《そんざい》し、それぞれのチャンピオンに得意《とくい》分野があります。5対5のチームに分かれ、各プレーヤーが使用するチャンピオンを選択《せんたく》して戦いますが、その編成《へんせい》によってチームの戦術《せんじゅつ》や試合の見どころはまったく違《ちが》ってきます。最終的に敵《てき》の本拠《ほんきょ》地《ち》を破壊《はかい》すると勝利となります。

チャンピオンにはレベルや装備《そうび》の概念《がいねん》があり、試合中に経験値《けいけんち》を得《え》てレベルを上げてゴールドを稼《かせ》いでアイテムを買うことで強くなっていくというような育成要素《ようそ》も備《そな》えています。

基本《きほん》プレイ無料で、課金が必要なのは、主にチャンピオンの外見を変える“スキン”を買う場合で、課金で強力な装備やアイテムが手に入るという要素はありません。

100を超《こ》えるキャラクターのバリエーションによって、連携《れんけい》や戦術《せんじゅつ》は無限大《むげんだい》に広がり、楽しさが膨《ふく》らむ「ドータ2（DOTA2）」

「ドータ2（DOTA2）」は、2003年にアメリカの会社が発売したゲームで、MOBAの元祖《がんそ》である「ドータ（DOTA）」の続編《ぞくへん》です。

5対5のチームに分かれて戦うゲームで、敵《てき》のタワーを破壊《はかい》しつつ、敵のエンシェント（本陣《ほんじん》）を先に破壊したほうが勝利となります。

ルールはシンプルであるものの、100種類以上のプレイ可能《かのう》なヒーロー（キャラクター）が用意されており、その組み合わせによる連携《れんけい》や戦術《せんじゅつ》は無限大《むげんだい》にあります。また、「クーリエ（Courier）」と呼《よ》ばれるアイテム輸送《ゆそう》のためのユニットがあるなど、他のMOBA系《けい》とは一味違《ちが》ったゲームシステムがあるのも特徴《とくちょう》です。

基本《きほん》プレイ無料で、課金要素《ようそ》はキャラクターの見た目を変える装備《そうび》アイテムやトーナメントリーグの観戦券《かんせんけん》など、ゲームの勝敗には影響《えいきょう》しません。ゲーム内は完全に英語で、2020年時点で日本版《ばん》は出ていませんが、有志《ゆうし》により日本語化されているので、英語が苦手な人でもプレイしやすくなっています。

「LoL」や「ドータ2」は、世界的な大会も多い

日本人選手も世界で活躍《かつやく》しはじめた「リーグ・オブ・レジェンド」が、日本でもプロリーグをスタートさせた

「リーグ・オブ・レジェンド」は、世界各地で地域《ちいき》や国ごとのリーグ戦が行われています。基本的《きほんてき》には春と夏にリーグ戦が行われ、春の大会の上位チームが集まる『ミッドシーズン インビテーショナル（Mid Season Invitational、略称《りゃくしょう》 MSI）』と、夏の大会の上位チームが集まる『ワールドチャンピオンシップ（World Championship、略称 WCS）』という２度の世界大会が開催《かいさい》されています。

2019 年の『MSI』には、日本代表として「デトネーション フォーカスミー（DetonatioN FocusMe）」が出場し、日本チームとして初めて世界大会の予選リーグで１勝をあげました。

日本のプロリーグ『リーグ・オブ・レジェンド ジャパンリーグ（League of Legends Japan League：略称 LJL）』は 2014 年にスタートしており、国内で単独《たんどく》タイトルの e スポーツイベントとしては最大規模《きぼ》のものになっています。また、学生向け e スポーツプログラム『リーグ U（League U）』、さらに高校生向けの大会『全国高校 e スポーツ選手権《せんしゅけん》』でも競技《きょうぎ》種目に選ばれるなど、日本国内でも盛《さか》んになっており、世界に挑戦《ちょうせん》するチャンスがあるゲームタイトルです。

2019 年には日本代表チームが国際大会初勝利をあげるなど、日本ではこれからの盛《も》り上《あ》がりに期待が高まっている

「ドータ 2」は、公式 e スポーツイベントの賞金《しょうきん》が高額《こうがく》なことでも有名です。『ジ・インターナショナル 2019（The International 2019）』の賞金総額《そうがく》は約 3430 万ドル（約 37 億円）。優勝《ゆうしょう》チームの賞金は約 1560 万ドル（約 16 億 8000 万円）でした。

2019 年 12 月に行われた『第 11 回 e スポーツワールドチャンピオンシップ（11th Esports World Championship）』では、日本代表として「チーム メイ（Team May）」が出場し、日本チームとして初めて世界大会で勝利しました。

「ドータ 2」の日本での知名度はまだ低いものの、国内の e スポーツ熱の高まりとともに、今後に期待ができる競技《きょうぎ》種目といえるでしょう。

8 その他のジャンル

まだまだ多様なジャンルがある

世界的に人気の高いゲームタイトルが複《ふく》数《すう》あって、大きな大会なども開催《かいさい》されるものとしては、これまで取り上げてきたジャンルが代表的です。

しかしゲームのジャンル分けはさまざまで、これまで紹介《しょうかい》してきたもの以外にも、たくさんのジャンルがあります。

いくつかのジャンルやタイトルを紹介しましょう。

パズルゲーム

パズルをビデオゲームでプレイできるようにつくられたもので、「テトリス」シリーズや「ぷよぷよ」シリーズなどが代表的なゲームです。

「テトリス」は、もともとロシアで開発されたゲームで、1980年代末から1990年代初めに世界各国で大流行し、現在《げんざい》にいたるまでさまざまな形でアレンジされ、各種パソコン、ゲーム機でプレイされ続けています。NES（Nintendo Entertainment System：アメリカ版《ばん》のファミコン）版「テトリス」については、2010年から毎年、『クラッシック テトリスワールドチャンピオンシップ（Classic Tetris World Championship）』が開催《かいさい》されています。

「ぷよぷよ」は1991年に日本の会社から発売されたゲームで、1992年にアーケード版が登場して以降《いこう》、さまざまなゲーム機や携帯《けいたい》電話、スマートフォンで展開《てんかい》されています。

最新作は2018年発売の「ぷよぷよeスポーツ」です。2018年3月にはJeSU（日本eスポーツ連合）公認《こうにん》タイトルとなり、プロ選手も誕生《たんじょう》しています。

ぷよぷよ e スポーツ ©SEGA

レーシングゲーム

実際《じっさい》のモータースポーツ選手とeスポーツ選手が競《きそ》う試《こころ》みがなされたり、優勝者《ゆうしょうしゃ》には現実《げんじつ》のモータースポーツへの道が拓《ひら》けたりするケースもあります。

モータースポーツの最高峰《さいこうほう》であるF1のeスポーツも行われています。毎年発売される公式ゲーム「F1」は、そのシーズンを再現《さいげん》するタイプの本格派《ほんかくは》レースゲーム（最新作は「F1 2020」）。2017年からは『F1 eスポーツ シリーズ（F1 eSports Series）』が開催《かいさい》されています。

「グランツーリスモ（Gran Turismo）」シリーズも有名です。1997年から続くシリーズの最新作「グランツーリスモ スポーツ（Gran Turismo SPORT）」（2017年発売）は、プレイステーション4（PlayStation 4）向けに、自動車の運転を仮想《かそう》体験できるシミュレータになっています。

2018年からは、全世界でFIA（国際《こくさい》自動車連盟《れんめい》）公認《こうにん》のオンライン・モータースポーツレースが開幕《かいまく》しました。

TPS（サード・パーソン・シューティング）

TPSは「サード・パーソン・シューティング（Third Person shooting）」の略《りゃく》です。三人称視点《さんにんしょうしてん》のシューティングゲームという意味で、操作《そうさ》キャラクターを第三者の視点で見ることができ、ゲーム中の空間を自由に移動《いどう》して武器《ぶき》や素手《すで》などを用いて戦うアクションゲームのことです。FPSとの違《ちが》いはプレーヤーの視点だけなので、本来はTPSとFPSは、同じシューテイングゲームのジャンルと考えてよいでしょう。

2015年に日本の会社から発売された「スプラトゥーン」（「スプラトゥーン2」

■2019年に開催《かいさい》されたF1eスポーツシリーズの試合の様子《ようす》

本物のレーシングマシンを操《あやつ》るような感覚で、eスポーツのレーシングが行われる。

は2017年発売）はTPSであるものの、一般的《いっぱんてき》なTPSが敵《てき》を倒《たお》すことが目的なのに対し、勝敗が倒した敵の数でなくフィールド内に塗《ぬ》ったインクの面積で決まるという特徴《とくちょう》があり、陣取《じんと》りゲームのような要素《ようそ》を含《ふく》んでいます。2019年の「スプラトゥーン2」の世界大会『スプラトゥーン2ワールドチャンピオンシップ (Splatoon 2 World Championship)』では、世界各国で行われた予選を勝《か》ち抜《ぬ》いた日米欧豪《おうごう》の代表4チームが集結。日本代表の「GG BOYZ」が2018年に続き優勝《ゆうしょう》し、連覇《れんぱ》を果たしています。

RPG（ロールプレイングゲーム）

「ロールプレイングゲーム (Role-playing game、略称《りゃくしょう》RPG)」は、参加者が各自に割《わ》り当《あ》てられたキャラクター（プレーヤーキャラクター）を操作《そうさ》し、お互《たが》いに協力しあい、与《あた》えられる試練（冒険《ぼうけん》や戦闘《せんとう》など）を乗り越えて目的の達成を目指すゲームです。

2013年に配信開始したスマートフォン向けアクションRPG「モンスターストライク（略称《りゃくしょう》モンスト）」は、自分で育てたお気に入りのモンスターをピンボールのように引っぱって弾《はじ》いて、敵《てき》に当てて倒《たお》すゲームで、最大4人まで協力して遊ぶことができます。

2019年の「モンスト」アジアNo.1を決める大会『モンストグランプリ2019アジアチャンピオンシップ』は、日本国内のeスポーツ大会では初の賞金総額《しょうきんそうがく》1億円の大会となりました。

2019年のスプラトゥーン甲子園《こうしえん》（関東地区大会）の優勝《ゆうしょう》チーム

2019年の『スプラトゥーン2ワールドチャンピオンシップ』で2連覇《れんぱ》を達成した「GGBOYZ」のメンバー。

さくいん

アルファベット

あ

か

さ

●**監修**

筧 誠一郎（かけひ せいいちろう）

1960年、東京生まれ。成城大学法学部卒業。eスポーツコミュニケーションズ株式会社会長、東京都eスポーツ連合会長、中央大学国際情報学部講師。
1983年、株式会社電通に入社。主に音楽・ゲームを中心としたエンタテインメント事業に従事。2006年にeスポーツの存在を知り、その魅力と可能性について全国の企業・大学・官公庁などで講演。2010年、電通を退社し、様々なeスポーツイベントやeスポーツ施設、eスポーツテレビ番組のプロデュースなどを行う。
著書に『eスポーツ論 ゲームが体育競技になる日』（ゴマブックス）、『eスポーツ地方創生 〜日本における発展のかたち〜』（白夜書房）他。

●**装丁**
村口敬太（Linon）

●**編集協力**
図書印刷株式会社／有限会社オズプランニング

●**本文デザイン・DTP**
有限会社オズプランニング

●**イラスト**
岡田真一／有限会社オズプランニング

●**写真提供**
カバー・表紙　アフロ
本扉　PIXTA
本文　7ページ　上・Shutterstock/ アフロ　下・アフロ
8ページ　中・Alamy/ アフロ　下・AP/ アフロ
14ページ　読売新聞 / アフロ
33ページ　ロイター / アフロ
42ページ　AFP/ アフロ
44ページ　Press Association/ アフロ
45ページ　日刊スポーツ / アフロ

ISBN 978-4-7999-0387-2 NDC798.5 48p 293 × 215mm

eスポーツはじめて事典

2　eスポーツの競《きょう》技《ぎ》いろいろ

2020年11月　初版第1刷発行　　2022年5月　第2刷発行
監　修　筧 誠一郎
発行者　水谷 泰三
発行所　株式会社**文溪堂**
〒112-8635　東京都文京区大塚3-16-12
TEL 営業　(03) 5976-1515　　編集　(03) 5976-1511
ホームページ　https://www.bunkei.co.jp
印刷・製本　図書印刷株式会社